Ib 49. 1093.

AUX ÉLECTEURS

DE MAINE ET LOIRE.

Angers, 14 Août 1829.

MESSIEURS,

L'année dernière, à l'époque de la publication des Listes Electorales, nous nous adressâmes
à vous et nous fûmes écoutés favorablement.
Ressentant, comme toute la France, le besoin
de voir l'affranchissement et le développement
de nos institutions, nous vînmes faire entendre
aussi notre faible voix au milieu des acclama-
tions énergiques des amis les plus dévoués à

nos libertés, et de nos publicistes les plus habiles. Trop long-temps un système de déception, à jamais flétri par la réprobation publique, avait pesé de tout son poids sur nous : ne pouvant résister au flot puissant de l'opinion, il avait été submergé. Le Monarque, éclairé sur les dangers de ce système, avait appelé près de lui de nouveaux conseillers ; nous avions obtenu quelques garanties : la loi de la liberté de la presse et celle du 2 juillet sur la révision des Listes Electorales et du Jury avaient été promulguées. Pleins d'espérance, nous venions nous féliciter avec vous du retour à la loi fondamentale. Comment n'eussions-nous pas trouvé sympathie dans l'esprit et le cœur de compatriotes élevés et grandis comme nous sur le sol riche et riant du beau Département de Maine-et-Loire! Aujourd'hui, Messieurs, timides par nos moyens, mais forts par nos intentions et votre bienveillance, nous venons de nouveau vous entretenir de nos intérêts les plus chers, de nos droits et de nos libertés.

Investis de votre confiance, nous avions été choisis par vous pour veiller à l'exactitude de ces listes, dont la vérité et la légalité doivent faire la sécurité de la France. Méprisant les clameurs de nos adversaires, jaloux du bonheur public, nous avons continué nos paisibles travaux. Vainement ils nous signalaient comme des comités-directeurs, foyer d'idées révolutionnaires et d'insurrection ; rassurés par l'absurdité même de ces inculpations, nous avons trouvé dans le sentiment consciencieux de notre bonne foi, l'appui le plus puissant de l'honnête homme et du bon citoyen. En effet, que voulions-nous, Messieurs ? que voulait la France entière ? des Listes Electorales franchement produites par l'examen scrupuleux des droits de chacun. Forts par la loi, nous n'avions aucun intérêt à tromper, mais nous n'avons pu consentir à l'être. Le ministre, lui-même, dans une circulaire, interprétée en sens divers, avait déclaré que tant que nos opérations ne troubleraient point l'ordre public, l'autorité n'avait pas à s'en occuper. Comment aurions-nous pu le troubler ce repos public, lorsque notre surveillance tendait à assurer le triomphe de la légalité ! Comment aurait-on pu arguer contre nous du silence de la loi sur nos réunions, lorsque leur existence est une conséquence inévitable de la loi fondamentale et des habitudes constitutionnelles qui commencent à prendre racine parmi nous ! L'exposé simple de nos travaux, Messieurs, va vous mettre à même de juger de l'utilité de ces réunions.

A l'époque où se forma, l'année dernière, votre bureau consultatif, un assez grand nombre de nos concitoyens, distraits des devoirs de l'Electeur, peut-être par la crainte du Jury, peut-être aussi par quelques préoccupations ou quelques affaires domestiques, avaient négligé jusque la de se faire porter sur les Listes Electorales. Eclairés par nous, ils se sont empressés de se mettre en mesure, et si nous en

exceptons un très-petit nombre , leur inscription n'a pas été demandée par des tiers. Plusieurs Electeurs nouveaux ont été portés sur
les Listes. Enfin , Messieurs , la radiation de
quelques noms qui nous avaient paru indûment
inscrits , soit par erreur , soit par des motifs
que nous ne chercherons point à apprécier ,
a été demandée ; quelques-uns des Electeurs
désignés , n'ayant pu justifier de leur cote
Electorale ou de l'accomplissement d'autres
conditions exigées par la loi, ont été rayés.
D'autres, faisant valoir de nouveaux impôts, se
sont soustraits à la déchéance qu'ils auraient
encourue en négligeant dédaigneusement de se
soumettre à des formalités voulues pour tous
les Electeurs.

Notre mission devant expirer lors de la publication des Listes de 1830, les Electeurs se
sont réunis hier, sous la présidence de M. Delaunay; M. Genevraye, remplissant les fonctions
du secrétaire absent (M. de Marcombe), a exposé d'une manière claire et précise les travaux
du bureau consultatif. Il a fait sentir fortement
la nécessité de renouveler en partie votre
bureau.

L'assemblée, adoptant cette idée, a décidé
que MM. Revellière et Saulnier, n'ayant qu'une
année d'exercice, resteraient de droit au bureau.

La voie du sort a désigné, comme devant
également rester, MM. Delaunay, Lemasson
et Gillard. Pour compléter le bureau, sept

membres étaient à nommer ; le scrutin a donné pour résultat les noms de MM. Guilhem, Ponceau, Talbot, Farran aîné, Collet, Joubert-Bonnaire et Moreau-Fresneau (1).

Immédiatement après cette opération, des remercîments ont été votés à l'unanimité à M. Guilhem aîné, député de l'arrondissement d'Angers, pour son exactitude à se rendre aux Séances de la chambre, son patriotisme, son zèle et son dévouement à défendre les libertés publiques.

Avant de terminer, Messieurs, nous vous engageons à aider votre nouveau bureau consultatif de vos lumières et de vos efforts. Il est inutile de vous développer les dispositions de la loi du 2 juillet 1828 (Son texte fait suite à cette brochure). L'importance de cette loi vous a été démontrée par l'exposé de ses articles,

---

(1) Le bureau dont la réunion a lieu tous les lundis à midi, chez M. Guilhem, rue de Roe, se trouve composé des douze membres suivants :

MM. Delaunay, officier retraité.
      Lemasson, propriétaire
      Gillard, avoué.
      Revellière (Victorin), propriétaire.
      Saulnier, négociant.
      Guilhem, négociant et fils du député.
      Ponceau, ancien magistrat.
      Talbot, négociant.
      Farran aîné, négociant.
      Collet, propriétaire.
      Joubert-Bonnaire, négociant et juge au tribunal de Commerce.
      Moreau-Fresneau, propriétaire.

que vous fit l'année dernière, la voix plus éloquente que la nôtre de quelques-uns de nos collègues. Nous vous rappellerons seulement quelques principes niés par l'autorité, et qui ont été consacrés par les arrêts des cours royales.

Les impositions locales avaient été distraites dans beaucoup de communes de la cote électorale, comme ne faisant pas partie des impositions directes ; plusieurs décisions judiciaires ont écarté cette interprétation, et déclaré directes ces sortes de contributions : vous pouvez donc les faire valoir.

De nouveaux arrêts sont aussi venus confirmer ceux antérieurement rendus sur la validité des délégations d'impôts faites par des veuves à leurs gendres dans le cas où il existe des fils ou petits-fils *incapables*. Ainsi désormais, nul gendre, dans cette position, ne peut être écarté.

Telles sont les courtes observations que nous avons cru utile de vous présenter au moment où les nouvelles Listes vont être publiées.

Pourquoi faut-il qu'en finissant, Messieurs, nous soyons distraits de nos paisibles travaux par le cri d'alarme qui vient de s'élever dans toute la France ! Le vent funeste d'outre-mer soufflant à pleines voiles, va-t-il pousser chez nous ces théories aristocratiques sapées depuis long-temps chez nos voisins par les vœux et les efforts de leurs citoyens les meilleurs et les plus éclairés ; déracinées de notre sol depuis près de quarante ans, pourraient-elles y germer encore ?

Des hommes que l'opinion publique nous a accoutumés à regarder comme les ennemis de nos institutions, viennent d'arriver au pouvoir. Quelle sera leur marche ? nous l'ignorons ; mais si, reportant nos regards vers le passé, nous cherchons dans les précédents de la vie politique de la plupart d'entr'eux quel sera leur système à venir !.... il faut bien le dire, le ciel de notre belle patrie va se couvrir de nuages, nos libertés vont être menacées !...

Toutefois, Messieurs, avant de reprendre nos habits de deuil, attendons que leurs actes nous aient fait connaître leurs intentions. Qu'ils y songent bien ces hommes : les principes consacrés par la Charte ne peuvent périr ! Une génération toute nouvelle, étrangère au régime du bon plaisir comme aux scènes sanglantes de notre révolution, surgit de tous côtés. Avec elle il n'est plus de mouvements insurrectionnels, ni de tentatives contre-révolutionnaires possibles. Elevée à l'école de nos institutions constitutionnelles, elle les comprend, elle sent les besoins de notre époque, elle saura les faire respecter par la résistance légale, ce puissant levier des peuples.

Que nos nouveaux Ministres n'oublient pas surtout que, si méconnaissant cet esprit de la

France, ils osaient porter une main sacrilége sur notre loi fondamentale pour la briser, le recouvrement des impôts rencontrerait des obstacles sans cesse renaissants, puisque le pacte octroyé par le monarque législateur serait rompu.

Pour nous, rallions-nous plus que jamais, groupons-nous autour de nos-institutions ; la loi, cette étoile polaire du bon citoyen, viendra-nous consoler et nous guider au milieu des mers quelquefois orageuses de la politique. Cet astre bienfaisant, nous traçant une route ferme et assurée, pourra préserver encore le vaisseau de l'état du naufrage auquel d'imprudents ar-tisans de tempêtes pourraient l'exposer.

LOI sur la Révision annuelle des Listes électorales et du Jury.

Au château de St-Cloud, 2 Juillet 1828.

CHARLES, par la grâce de Dieu, Roi DE FRANCE ET DE NAVARRE, à tous présents et avenir, SALUT.

Nous avons proposé, les chambres ont adopté, NOUS AVONS ORDONNÉ ET ORDONNONS ce qui suit :

TITRE Ier.

Révision annuelle des Listes électorales et du Jury.

ART. 1er. Les listes faites en vertu de la loi du 2 mai 1827 sont permanentes, sauf les radiations et inscriptions qui peuvent avoir lieu lors de la révision prescrite par la présente loi.

Cette révision sera faite conformément aux dispositions suivantes :

2. Du 1er au 10 juin de chaque année, et aux jours qui seront indiqués par les sous-préfets, les maires des communes, composant chaque canton, se réuniront à la mairie du chef-lieu sous la présidence du maire, et procéderont à la révision de la portion de la liste formée en vertu de la loi du 2 mai 1827, qui comprendra les citoyens de leur canton appelés à faire partie de cette liste.

Ils se feront assister des percepteurs de l'arrondissement cantonnal.

3. Dans toutes les villes qui forment à elles seules un canton, ou qui sont partagées en plusieurs cantons, la révision des listes sera effectuée par le maire, les adjoints et les trois plus anciens membres du conseil municipal, selon l'ordre du tableau. Les maires des communes qui dépendraient de l'un de ces cantons, seront aussi appelés à la révision ; ils se réuniront tous sous la présidence du maire de la ville.

A Paris, les maires des douze arrondissements, assistés des percepteurs, procéderont à la révision, sous la présidence du doyen de réception.

4. Le résultat de cette opération sera transmis au sous-préfet, qui, avant le 1er juillet, l'adressera, accompagné de ses observations, au préfet du département.

5. A partir du 1er juillet, le préfet procédera à la révision générale de la liste.

6. Il y ajoutera les citoyens qu'il reconnaîtra avoir acquis les qualités requises par la loi, et ceux qui auraient été précédemment omis.

Il en retranchera :

1° Les individus décédés,

2°. Ceux qui auront perdu les qualités requises ;

3° Ceux dont l'inscription aura été déclarée nulle par les autorités compétentes ;

4° Enfin ceux qu'il reconnaîtrait avoir été indûment inscrits , quoique leur inscription n'eût pas été attaquée.

Il tiendra un registre de toutes ces décisions , et il fera mention de leurs motifs et des pièces à l'appui.

7. La liste ainsi rectifiée par le préfet sera affichée , le 15 août, au chef-lieu de chaque commune , et déposée au secrétariat des mairies , des sous-préfectures et de la préfecture , pour être donnée en communication à toutes les personnes qui la réquerront.

Elle contiendra , en regard du nom de chaque individu inscrit sur la première partie de la liste , l'indication des arrondissements de perception où il paie des contributions, propres ou déléguées , ainsi que la quotité et l'espèce des contributions pour chacun de ces arrondissements.

8. La publication prescrite par l'article précédent tiendra lieu de notification des décisions intervenues aux individus dont l'inscription aura été ordonnée.

Toute décision ordonnant radiation sera notifiée dans les dix jours à celui qu'elle concerne , ou au domicile qu'il sera tenu d'élire pour l'exercice de ses droits politiques , s'il n'habite pas le département.

Cette notification et toutes celles qui doivent avoir lieu , aux termes de la présente loi , seront faites suivant le mode employé jusqu'à présent pour les jurés , en exécution de l'art. 389 du Code d'instruction criminelle.

9. Après la publication de la liste rectifiée, il ne pourra plus y être fait de changement qu'en vertu de décisions rendues par le préfet en conseil de préfecture, dans les formes ci-après.

TITRE II.

Des Réclamations sur la Révision des Listes.

10. A compter du 15 août , jour de la publication , il sera ouvert au secrétariat général de la préfecture un re-

gistre coté et paraphé par le préfet, sur lequel seront inscrites, à la date de leur présentation et suivant un ordre
de numéros, toutes les réclamations concernant la teneur
des listes. Ces réclamations seront signées par le réclamant
ou par son fondé de pouvoirs.

Le secrétaire général donnera récépissé de chaque réclamation et des pièces à l'appui. Ce récépissé énoncera la
date et le numéro de l'enregistrement.   ·

11. Tout individu qui croirait devoir se plaindre, soit
d'avoir été indûment inscrit, omis ou rayé, soit de toute
autre erreur commise à son égard dans la rédaction des
listes, pourra, jusqu'au 30 septembre inclusivement, présenter sa réclamation, qui devra être accompagnée des pièces justificatives.

12. Dans le même délai, tout individu inscrit sur la
liste d'un département pourra réclamer l'inscription de
tout citoyen qui n'y serait pas porté, quoique réunissant
toutes les conditions nécessaires, la radiation de tout individu qu'il prétendrait y être indûment inscrit, ou la
rectification de toute autre erreur commise dans la rédaction des listes.

Il devra motiver sa demande et l'appuyer des pièces justificatives.

13. Aucune des demandes énoncées en l'article précédent ne sera reçue, lorsqu'elle sera formée par des tiers,
qu'autant que le réclamant y joindra la preuve qu'elle a
été par lui notifiée à la partie intéressée, laquelle aura dix
jours pour y répondre à partir de celui de la notification.

14. Le préfet statuera en conseil de préfecture sur les
demandes dont il est fait mention aux articles 11 et 12 ci-
dessus, dans les cinq jours qui suivront leur réception,
quand elles seront formées par les parties elles-mêmes ou
par leurs fondés de pouvoirs ; et dans les cinq jours qui
suivront l'expiration du délai fixe par l'art. 13, si elles
sont formées par des tiers.

Ses décisions seront motivées.

La communication , sans déplacement , des pièces respectivement produites sur la question en contestation , devra être donnée à toute partie intéressée qui le requerra.

15. Il sera publié tous les quinze jours un tableau de rectification conformément aux décisions rendues dans cet intervalle, et présentant les indications mentionnées en l'art. 7 ci-dessus.

Aux termes de l'art. 8 , la publication de ces tableaux de rectification tiendra lieu de notification aux individus dont l'inscription aura été ordonnée ou rectifiée.

Les décisions portant refus d'inscription ou prononçant des radiations, seront notifiées dans les cinq jours de leur date aux individus dont l'inscription ou la radiation aura été réclamée, soit par eux-mêmes, soit par des tiers.

Les décisions rejetant les demandes en radiation ou rectification seront notifiées dans le même délai tant aux réclamants qu'à l'individu dont l'inscription aura été contestée.

16. Le 16 octobre , le préfet procédera à la clôture de la liste. Le dernier tableau de rectification , l'arrêté de clôture et la liste du collége départemental dans les déparments où il y aura plusieurs colleges , seront affichés le 20 du même mois.

17. Il ne pourra plus être fait de changements à la liste qu'en vertu d'arrêts rendus dans la forme déterminée au titre suivant.

TITRE III.

Réclamations contre les Décisions du Préfet en conseil de préfecture.

18. Toute partie qui se croira fondée à contester une décision rendue par le préfet en conseil de préfecture, pourra porter son action devant la cour royale du ressort.

L'exploit introductif d'instance devra , sous peine de nullité , être notifié dans les dix jours, tant au préfet qu'aux parties intéressées.

Dans le cas où la décision du préfet en conseil de préfecture aurait rejeté une demande d'inscription formée par un tiers , l'action ne pourra être intentée que par l'individu dont l'inscription était réclamée.

La cause sera jugée sommairement , toutes les affaires cessantes , et sans qu'il soit besoin du ministère d'avoué. Les actes judiciaires auxquels elle donnera lieu seront enregistrés gratis. L'affaire sera rapportée en audience publique par un des membres de la cour, et l'arrêt sera prononcé après que le ministère public aura été entendu.

S'il y a pourvoi en cassation , il sera procédé comme devant la cour royale, avec la même exemption de droits d'enregistrement , sans consignation d'amende.

19. Le recours et l'action intentés par suite d'une décision qui aura rayé un individu de la liste, ou qui lui aura attribué une quotité de contribution moindre que celle pour laquelle il était précédemment inscrit , auront un effet suspensif.

20. Le préfet, sur la notification de l'arrêt intervenu , fera sur la liste la rectification qui aura été prescrite.

TITRE IV.
Formation d'un Tableau de rectification en cas d'élection après la clôture annuelle des listes.

21. Lorsque la réunion d'un collége aura lieu dans le mois qui suivra la publication du dernier tableau de rectification prescrit par l'art. 16 , il ne sera fait à ce tableau aucune modification. Dans ce cas, l'intervalle entre la réception de l'ordonnance et la réunion du collége sera de vingt jours au moins.

22. Si la réunion a lieu à une époque plus éloignée , l'intervalle sera de trente jours au moins.

Dans ce dernier cas, le préfet fera afficher immédiate-

ment l'ordonnance de convocation. Le registre prescrit par
l'art. 10 ci-dessus sera ouvert : les réclamations prévues
par les articles 11 et 12 seront admises ; mais elles devront
être faites dans le délai de huit jours, sous peine de déchéance.

Le préfet en conseil de préfecture dressera le tableau de
rectification prescrit par l'art. 6 de la loi du 2 mai 1827. Il
le fera publier et afficher le onzième jour au plus tard après
la publication de l'ordonnance, et les notifications pres-
crites par l'art. 15 seront faites aux parties intéressées dans
le délai de cinq jours.

23. L'action exercée conformément à l'art. 18 sera portée directement devant la cour royale du ressort : elle
n'aura d'effet suspensif que dans le cas de radiation.

' L'assignation sera donnée à huitaine pour tout délai, et
la cour prononcera après l'expiration du délai. L'arrêt ne
sera pas susceptible d'opposition.

24. Il ne pourra être fait de changement au tableau de
rectification ci-dessus prescrit, qu'en exécution d'arrêts
rendus par les cours royales.

TITRE V.
Dispositions générales.

25. Nul individu appelé à des fonctions publiques tem-
poraires ou révocables ne pourra être inscrit sur la première
partie de la liste du département où il exerce ses fonctions,
que six mois après la double déclaration prescrite par l'article 3 de la loi du 5 fevrier 1817.

26. Les percepteurs de contributions directes sont tenus
de delivrer sur papier libre, et moyennant une rétribution
de vingt-cinq centimes par extrait de rôle concernant le
même contribuable, à toute personne portée au rôle, l'extrait relatif à ses contributions ; et à tout individu qualifié
comme il est dit à l'article 12 ci-dessus, tout certificat
négatif ou tout extrait des rôles de contributions.

28. Il sera donné communication des listes annuelles et
des tableaux de rectification à tous les imprimeurs qui vou-

dront en prendre copie. Il leur sera permis de les faire im—
primer sous tel format qu'il leur plaira de choisir, et de les
mettre en vente.

28. Pour l'année 1828, les opérations ordonnées par la
présente loi commenceront le premier jour du mois qui
suivra sa promulgation, et seront poursuivies en observant
les délais qu'elle prescrit.

La présente loi, discutée, délibérée et adoptée par la
Chambre des Pairs et par celle des Députés, et sanctionnée
par nous ce jourd'hui, sera exécutee comme loi de l'Etat ;
voulons, en conséquence, qu'elle soit gardée et observée
dans tout notre royaume, terres et pays de notre obeis-
sance.

Si donnons en mandement à nos Cours et Tribunaux,
Préfets, Corps administratifs, et tous autres, que les pré-
sentes ils gardent et maintiennent, fassent garder, observer
et maintenir ; et, pour les rendre plus notoires à tous nos
sujets, ils les fassent publier et enregistrer partout où besoin
sera : car tel est notre plaisir ; et, afin que ce soit chose
ferme et stable à toujours, nous y avons fait mettre notre
scel.

Donné au château de Saint-Cloud, le deuxième jour du
mois de juillet de l'an de grâce 1828, et de notre règne le
quatrième.

Signé CHARLES.

Par le Roi :

*Le Ministre Secrétaire-d'état au département de
l'intérieur,* signe DE MARTIGNAC.

Vu et scellé du grand Sceau.

*Le Garde-des-sceaux de France, Ministre Secrétaire-
d'état au département de la justice,*

Signé Cte PORTALIS.

A NANTES,

De L'Imprimerie du Commerce,

Chez VICTOR MANGIN, redacteur de l'Ami de la Charte.